AF267244

PÉTITION

ET MÉMOIRE

A LA CONVENTION

NATIONALE.

CONTRE des arrestations arbitraires faites par ordre des Citoyens AMAR *et* MER-LINOT, *Commissaires Conventionnels envoyés dans le Département de l'Ain.*

Mai 1793, an IIe de la République française.

———

A PARIS;

De l'Imprimerie de FROULLÉ, Quai des Augustins, N°. 39.

PÉTITION

PRÉSENTÉE, le 19 Mai, à la Convention Nationale, en faveur d'un grand nombre de détenus par ordre des Commissaires conventionnels, envoyés dans le Département de l'Ain.

RENVOYÉE, par Décret du même jour, aux Comités réunis de Législation et de Sûreté générale.

Le Citoyen PHÉLIPPEAUX, Rapporteur.

CITOYENS REPRÉSENTANS,

Cinq cent de nos concitoyens gémissent depuis six semaines dans les fers : nous vous apportons leurs réclamations ; vous nous écouterez avec intérêt ; vous leur rendrez justice.

Le Département de l'Ain respecte et chérit ses Représentans, respecte les autorités constituées. Les contributions se payent avec exactitude ; l'Autel de la Patrie a été couvert d'offrandes ; le recrutement s'y est effectué avec zèle et tranquillité ; tout, en un mot, étoit dans l'ordre et marchoit d'après vos loix, lorsque sont arrivés vos Commissaires, Amar et Merlinot. Ils eussent dû

voir que toutes mesures extraordinaires et de rigueur étoient plus qu'inutiles dans cette partie de
la République confiée momentanément à leur surveillance : mais l'intrigue, qui toujours veille, les
a entourés ; la calomnie surprend leur religion ;
et, d'après leurs ordres, les larmes de nos pères,
de nos épouses, de nos enfans, de nos amis ont
coulé et coulent encore avec amertume. Arrachés
de nos bras, on les traîne en prisons ; de nouvelles
Bastilles s'élèvent de toutes parts et recèlent des
citoyens de tout âge, de tout sexe, de tout état.

Ici, ce sont des septuagénaires ; là des laboureurs arrachés à la culture de leurs champs pour
n'avoir pas été à la messe : ailleurs c'est une femme
accablée d'infirmités, accusée de faire passer des
secours à son fils émigré ; et cette femme infortunée n'eut jamais le bonheur d'être mère : un
citoyen, domestique, est arrêté porteur d'une lettre
qui, selon vos Commissaires, contient des intentions perfides ; point de procès-verbal, point d'é-
crou, rien qui constate les motifs d'arrestation ;
l'auteur réclame son domestique, demande à l'administration l'impression d'une pièce dont elle devoit être nantie, et le détenu, père de quatre enfans, est dans les fers, pendant que celui qui a
écrit la lettre et la personne qui devoit la recevoir, jouissent de leur liberté entière.

Deux citoyens, acquittés par un jugement rendu
depuis peu de jours, sont de nouveau incarcérés,
et la suspicion résultant de la nature des inculpations qui leur avoient été faites, est la seule
cause de ce second emprisonnement.

Un habitant des campagnes, un meunier est
compris dans ces arrestations arbitraires, pour avoir
accordé l'eau de son moulin, plutôt à certaines
personnes qu'à d'autres.

Suivons la marche de vos Commissaires : nous les verrons ordonner ou approuver la réclusion de citoyens et citoyennes n'ayant contre eux que leur précédent état civil, mais dont le civisme est attesté et l'élargissement consenti par les autorités constituées, dont nous vous rapporterons les avis, et par une société populaire dont la pétition motivée vous sera remise par extrait. Dans une seule Municipalité de campagne, près de cent familles ont été mises en état d'arrestation.

Quelqu'incroyables que vous paroissent ces faits, nous les établirons par pièces probantes et authentiques.

Nous nous bornons à ce petit nombre de traits, pour vous éviter de gémir plus long-tems sur ce tableau de désolation et de douleur. Nous l'encadrerons seulement, en vous apprenant que les différentes autorités ont reçu de vos Commissaires l'ordre exprès de ne délivrer aux détenus aucune pièce qui pût fonder leurs moyens de défense, et que vos Commissaires se sont opposés à ce qu'il fût fait des interrogatoires au plus grand nombre des prisonniers. Est-ce donc ainsi que nous retombons dans un régime que nous cherchons à anéantir ?

Vous voilà convaincus, Législateurs, que, depuis six semaines, cinq cent victimes languissent, sans connoître quels sont leurs délits, quels sont leurs dénonciateurs, quels sont leurs juges.

Dans un moment où vous vous occupez du grand ouvrage de la Constitution, vous ferez cesser ce renversement de tous principes et des droits de l'homme ; vous vous opposerez de toutes vos forces à ce qu'on voye jamais à l'avenir renaître de pareils abus d'autorité, que vous n'avez pu ni voulu déléguer. Les circonstances vous forceront à être sévères ; mais vous serez justes. S'il est des coupables, qu'ils soient punis ; s'il est des innocens, qu'ils soient promptement absous et rendus à la liberté.

Convaincus de votre équité, pleins de confiance en votre sagesse, respectant d'avance votre décision, nous vous demandons au nom de l'éternelle justice : 1°. Qu'il soit donné des Juges à tous les détenus ;

2°. Qu'ils soient provisoirement élargis en donnant caution ;

3°. Que vous ordonniez aux autorités constituées de faire connoître à chaque détenu ses dénonciateurs, afin qu'il puisse les poursuivre devant les tribunaux, s'il y a lieu ;

4°. Que les prisonniers, sur leur réquisition, puissent obtenir les extraits de pièces qui leur seront nécessaires ;

5°. Que vous déterminiez d'une manière exacte ce que l'on doit entendre par suspicion, et les formes à suivre pour qu'un citoyen puisse être déclaré suspect ;

6°. Enfin, que vous soumettiez à une responsabilité réelle ceux d'entre vous, qui, revêtus d'un pouvoir que vous leur auriez délégué, pourroient en abuser.

Vous n'entendez pas être inviolables, quand vous cesserez d'être justes.

Signé, VALENTIN, CHICOD, MOREL ET GOYFFON, *fondés de pouvoirs des détenus.*

OBSERVATIONS

EN FORME DE MÉMOIRE,

Présentées aux Comités réunis de Législation et de Sûreté générale, relativement à une Pétition contenant réclamation contre des arrestations aussi multipliées qu'ARBITRAIRES, faites dans le Département de l'Ain, par ordre des Citoyens Amar et Merlinot, Représentans d'un Peuple LIBRE.

« Tout ce que des détenus pour cause de suspicion, peuvent
» *dire* pour se justifier, et *rien*, ce doit être de même :
» dès que l'opinion publique a prononcé sur leur compte,
» il n'y a ni *procès*, ni *formalités*, à observer pour les
» séquestrer. »

*Lettre d'*AMAR et MERLINOT, *au Directoire du Dépat. de l'Ain* (1), *le 20 Avril, An 2ème.*

D'APRÈS cet extrait d'une lettre, despotiquement absurde, et qui signale des Législateurs liberticides, nous pourrions être dispensés de fournir d'autres explications sur les faits imputés aux deux Commis-

---

(1) Cette Lettre, cotée n°. 1er, sera, ainsi que toutes les autres pièces que nous citerons, déposée au Comité de Législation.

A

saires dont nous avons crayonné la conduite dans notre pétiti:n du 19 de ce mois; mais nous avons promis des preuves, nous allons les donner: elles seront assez complettes pour démontrer aux plus incrédules, que nous sommes amis de la vérité, et qu'il n'y a rien d'exagéré dans le rapport que nous avons fait.

Les ames sensibles et délicates seront tour-à-tour attendries et indignées; ceux qui doutent et rient de tout (1), pourront, s'ils le veulent, douter et rire encore; leurs ridicules pentomimes ne peuvent que servir la cause respectable présentée à la décision de la Convention Nationale, sur laquelle agira plus efficacement le cri des opprimés, que les clapissemens de certains êtres qui tuent la liberté sous l'enseigne de l'amitié populaire.

Nous avons dit que toutes mesures de rigueur et de circonstances auroient dû paroître inutiles à vos Commissaires, dans une partie de la République où tout avoit été parfaitement dans l'ordre jusqu'à leur arrivée.

Les preuves de cet ordre, de cette tranquillité, sont: 1°. la notoriété publique; 2°. notre démarche elle-même, puisque c'est la première députation que vous ayent envoyée les Habitans du Département de l'Ain. Administrateurs et Administrés, tous vivent sous l'empire de vos loix, avec union et confiance respective: aussi le Ci-

---

(1) Lors de la présentation de notre Pétition, nous avons dû être étonnés de voir un rire sardonique et amer sur les lèvres de quelques-uns de nos Représentans nous devions espérer cependant d'être entendus sans prévention et avec cette impassibilité qui ne doit jamais abandonner des Législateurs.

toyen Duhamel, Procureur-général-syndic, écrit-il, le 25 Avril, dans une lettre à vos Commissaires : « On n'a point dans notre Département « l'habitude du crime : *il étoit vrai que la paix et* « *la tranquillité y regnoient ;* il est encore *vierge de* « tous les maux qu'ont éprouvés les autres Dé-« partemens, et mon vœu le plus ardent est qu'il « s'y maintienne par l'heureux alliage d'une sur-« veillance *active et douce.* »

Voudroit-on avoir l'injustice de suspecter ce témoignage authentique ? voudroit-on user de la ressource usée de le combattre par des phrases, en jetant du louche sur un Magistrat du peuple qui rend hommage à une vérité démontrée par le fait ? Alors nous allons convaincre plus profondément, et faire croyans les pyrrhoniens les plus invétérés. Vous voulez suspecter le Procureur-général ? eh bien, écoutez les Administrateurs (voyez la pièce justificative cotée E.). Après s'être plaints, dans cette adresse, des Commissaires qui leur ont *lié les mains ;* après s'être plaints des arrestations abusives qui ont été faites, les Administrateurs, *en Conseil-général,* s'élèvent avec force contre vos Commissaires ; ils réclament auprès de la Convention, relativement aux calomnies qu'Amar et Merlinot ont eu l'impudeur de se permettre contre les intentions, les principes et la conduite de nos Concitoyens du Département de l'Ain. l'Amour de la vérité les porte à dire que « nulle part la Convention nationale et les Autorités constituées n'ont été plus *respectées,* et qu'aucun Département n'a *joui constamment,* et ne *jouissoit* à l'arrivée des Commissaires, d'une tranquillité *plus parfaite* et plus *enviée* (1).

____

(1) Qu'on lise attentivement les trois Pièces justifica-

(4)

Etoit-ce dans un pays si fortuné, que sous les spécieux prétextes d'aristocratie et de circonstances, il falloit jeter la terreur dans tous les esprits, l'épouvante dans tous les cœurs, et répandre l'inquiétude et la désolation dans les villes et les campagnes ? C'est par des moyens de ce genre, qu'ont régné tous les tyrans ; les Français n'en veulent plus ; ils les repousseront sous quelque masque qu'ils se présentent.

Nous étions donc tranquilles ; donc l'arrêté du 3 Avril (coté n°. 3.) est, dans presque toutes ses dispositions, inutilement vexatoire. On s'y crée des chimères, pour avoir le plaisir de les combattre ; on y suppose des intentions criminelles, pour fonder des loix tyranniques. Si réellement par l'ouverture des lettres, on avoit découvert des correspondances dangereuses, dévoilé les trames d'agitateurs perfides, éventé des projets de contre-révolution, il falloit que vos Commissaires fissent arrêter légalement les traîtres, les agitateurs, les contre-révolutionnaires ; et tous nos Concitoyens eussent applaudi à ces mesures, qui, portant sur des coupables, auroient excité la reconnoissance générale envers les Citoyens Amar et Merlinot.

Combien leur conduite a été différente ! feignant par-tout d'être poursuivis par les rebelles de la Vendée, ils ont voulu se justifier à eux-mêmes leurs propres visions, et à quelque prix que ce fût, trouver parmi nous des complots, des aristocrates éffrénés, et des conspirateurs : semblables au héros

---

tives, cotées D. E. F., elles viennent de nous arriver au moment où ce Mémoire alloit sortir de dessous la presse : elles jetteront le plus grand jour sur la conduite des Commissaires Amar et Merlinot.

(5)

espagnol bien connu dans l'histoire de l'imagina-
tion, les maisons, les arbres, les vieillards, les
enfans, tout s'est changé pour eux, en contre-
révolutionnaires ; par-tout ils ont jeté la méfiance ;
par-tout ils ont sollicité publiquement des dénonciations ; et sans doute, revenus parmi vous, ils
se glorifieront d'avoir réveillé le patriotisme, mis
aux abois l'aristocratie.

Ils oseront peut-être se jacter avec emphâse,
comme ils l'ont fait dans le Bulletin du 23 avril
de la Convention, « d'avoir prévenu de *grands*
» *malheurs* dans le Département de l'Ain, où les
» *aristocrates* s'appliquoient à vicier l'opinion pu-
» blique, à éteindre dans le cœur des habitans de
» la campagne & parmi les classes laborieuses
» dans les villes, l'amour de la Patrie, le respect
» pour les loix, et à diminuer la confiance envers
» la *Convention nationale* et les *autorités cons-*
» *tituées.* » (1)

Par des moyens de cette fausseté, par des
mensonges aussi calomnieusement émis, Amar
et Merlinot ne réussiront pas ; leurs efforts seront
inutiles ; ils seront jugés sur leurs œuvres, et
jamais ils ne légitimeront la morale odieuse qu'ils
ont prêchée, ni les incarcérations et autres actes
de despotisme dont ils ont marqué leur importante mission. Qu'ils lisent l'arrêté que nous venons de recevoir (coté E), et boivent le calice
de condamnation qu'ils se sont préparé eux-
mêmes.

____

(1) Quel démenti plus formel donné à cette assertion,
que l'assertion contraire contenue dans l'adresse du
Conseil-général du Département du 19 de ce mois, im-
primée sous la lettre E !

S'ils prétendent se présenter à la Convention comme des Dieux tutélaires, nous nous chargeons de démontrer qu'ils n'ont été que des anges exterminateurs; qu'ils ont été tout à la fois cruels, inhumains, qu'eux-mêmes sont les vrais contre-révolutionnaires, et d'autant plus à craindre, qu'ayant un caractère auguste qui leur donnoit une grande influence, ils n'en ont usé que pour faire détester la Révolution.

Qu'on lise attentivement les articles de l'arrêté du 3 Avril, dont nous venons de parler : pleins de contradictions les uns avec les autres, ils prouveront que l'homme qui cesse d'être juste, est toujours abandonné de la raison.

Ici c'est la suspicion qu'il faut diviser en plusieurs fractions : notoire, simple et moyenne, pour imposer des peines d'arrestations ou dans les prisons, la maison d'arrêt, les domiciles, ou dans les banlieues des municipalités, selon qu'on classe les Citoyens sous l'une ou l'autre de cette division immorale d'un délit indéfini. Là c'est tous les ci-devant nobles, prêtres, et *personnes suspectes*, qu'il faut enfermer ; c'est un appel qu'il faut faire de leurs personnes, dans chaque municipalité. L'article 12 est remarquable : « Ceux et celles desdites personnes ecclésiastiques, à qui il seroit dangereux de *laisser la liberté*, et que néanmoins on ne croira pas devoir mettre *en état d'arrestation*, seront *séquestrés* dans des maisons communes, dont une pour chaque sexe. » N'est-ce pas là ce qui s'appelle écorcher tout à la fois le françois, les François, le bon sens et la justice ?

Et cependant vos Commissaires ont voulu que cet arrêté, atrocement bizarre, fût exécuté par toutes les Municipalités du Département ! Faut-il s'étonner ensuite si tant de paisibles Citoyens des campagnes ont été mis en état d'arrestation, et enlevés à leurs utiles travaux ? Il est aussi des intrigans, des méchans dans les villages, qui, munis du couteau à deux tranchans, fourni par vos Commissaires, ont satisfait leurs haines et leurs inimitiés particulières. C'est la seconde preuve que nous avons à faire, et nous la tirerons encore de la lettre déjà citée du Procureur-général-syndic, aux Commissaires. « Je vois les Municipalités de campagne *multiplier* les arrestations, qui ne frappent que sur des femmes ou des hommes qui préfèrent une messe à une autre, et dont on exige aujourd'hui le serment de reconnoître les prêtres constitutionnels, d'aller à leur messe, de se confesser à eux, et de communier de leurs mains. »

Qu'on lise la Pétition adressée à la Convention par les détenus de Thoissey, District de Trévoux (cotée n°. 4.): Après des signatures dont nous attestons le plus grand nombre être celles de cultivateurs, on lit: « Suivent les noms de ceux qui ont déclaré ne savoir signer: George Ducray, Benoîte Platier, Etienne Platier, Elizabeth Platier, Benoît Morel, Etienne Morel, Marie Chevrola, épouse de Claude Orgeret, Etienne Curtay.... Nous sommes arrachés, disent les Pétitionnaires, aux *besoins de l'agriculture*, d'autres aux soins paternels de familles nombreuses ; nous nous affligeons des *suspicions injustes* qui peuvent être le motif de nos détentions ; nous ne savons à *quelle autorité porter nos réclamations.*

De pareilles arrestations ont été faites dans un grand nombre de Municipalités de campagne ; et au besoin, les Députés du Département de l'Ain, séants à la Convention, pourront l'attester.

A cet égard la dernière adresse du Conseil-général du Département, en date du 19 de ce mois, fournit des preuves sans réplique et aux-quelles nous renvoyons.

Venons à cette femme infortunée, détenue de-puis plus de six semaines, accusée d'être à la tête d'un grand complot, et d'avoir pour complice un parent septuagénaire ; à cette femme dénoncée comme ayant des correspondances avec le ci-devant Comte d'Artois, sous les ordres duquel son dé-nonciateur a prétendu qu'elle avoit un fils, tandis qu'elle n'eût jamais le bonheur d'être mère.

Elle s'appelle Bouvent ; elle est âgée de soixante ans, et couverte d'infirmités ; ces motifs ont di-rigé l'ame sensible de nos Administrateurs ; ils se sont intéressés en faveur de la prévenue auprès des Commissaires Amar et Merlinot, afin d'obtenir d'eux, au moins son élargissement provisoire, sur-tout après s'être convaincus des invraisemblances palpables de l'accusation dirigée contre elle.

À cette démarche, qui parle déjà en faveur de la veuve Bouvent et de son innocence, que ré-pondent les Commissaires? « vous vous plaignez sans cesse du *dégoût* qu'elle inspire , & sans cesse, vous nous entretenez de cette femme (1). »

Vous qui êtes les pères de la Liberté et de l'E-galité; vous, Citoyens Représentans, qui avez le douloureux bonheur de connoître & de sentir les maux de vos semblables, appréciez cette phrase, digne des bords du Bosphore , & dites-nous ce que peuvent devenir les Droits de l'Homme dans les mains de ceux qui sont sourds aux sentimens de l'humanité et de la nature? Dites-nous si, parce que Couthon (2) est porté à la tribune par des bras

____

(1) Lettre des commissaires, au Directoire du Dé-partement , côtée N°. 1.

(2) Député à la Convention nationale.

fraternels , ses infirmités le rendent moins respectable à vos yeux ? s'il est moins votre frère ?

La citoyenne Bouvent vivoit paisiblement dans une modeste et petite maison située à Saint-Rambert, Département de l'Ain, donnant sans cesse aux personnes attachées à son service, l'exemple trop peu suivi aujourd'hui, de la soumission aux loix.

La *nuit* du 26 au 27 mars, on investit sa maison, on force ses portes, et un citoyen, Juge de Paix, ayant à sa ceinture deux pistolets, après avoir fait ce siége, s'empare de la prévenue, et des citoyens ses domestiques : enfin, toutes perquisitions finies dans ses appartemens , un fait, trop long à narrer, mais contenu dans le mémoire déposé sous le N°. 5, amène l'explication de cette énigme. C'est le dénonciateur lui-même , homme inconnu, qui, en présence des Officiers Municipaux d'Ambronay , accourus sur la requisition de la citoyenne Bouvent , déclare qu'il est la cause de l'opération, dont il est un des témoins ; il dit tenir du domestique de la veuve Bouvent , (qu'il a rencontré, conduisant une carriole) que cette veuve étoit en correspondance avec le ci-devant comte d'Artois, par l'entremise d'un parent , qui, pour elle , a fait passer aux émigrés, parmi lesquels est son fils, une somme de vingt-mille livres, résultat de la vente de ses chevaux & de son argenterie (1). Il ajoute qu'ayant déclaré ces faits aux commissaires Amar et Merlinot, c'est d'après leur ordre que l'on procède à la visite domiciliaire et à l'arrestation.

––––––––––

(1) L'un des chevaux est vendu depuis deux ans, l'autre depuis le 24 juin 1792 ; toute l'argenterie a été trouvée et inventoriée le jour de la visite domiciliaire.

Le Juge de Paix, Vincent, traduit sa prisonnière à Bourg, chef-lieu du Département; il requiert la Municipalité de se transporter chez le citoyen Belvey, à l'effet de s'assurer si l'on ne trouvera rien qui puisse constater sa complicité avec cette citoyenne; on obtempère, et après la perquisition la plus scrupuleuse, Vincent se retire, en disant (on le prouvera au besoin). « Il n'y a pas » moyen d'arrêter ces gens-là; il n'y a pas dans » tout ce que nous avons vu, un *seul mot* qui » puisse les faire regarder comme *suspects*. »

Les citoyens Amar et Merlinot arrivent à Bourg; ils y restent, à ce second passage, trois jours, et repartent sans avoir vu ni interrogé la citoyenne Bouvent, accusée cependant d'une *grande conspiration*. Ce n'est que le surlendemain de leur départ, que cette femme est transférée de chez un de ses parens, qui l'avoit cautionnée de ses biens et de sa personne, dans une maison préparée pour ceux qui, comme elle, victimes d'accusations vagues & d'ordres arbitraires, devoient gémir sur la perte de la liberté.

Enfin, le 7 avril, la citoyenne Bouvent comparoît au Département; elle est interrogée, et c'est ici que l'on va voir *la grande conspiration*, annoncée avec tant d'éclat, s'évaporer comme tant d'autres de même nature, dont chaque jour on assiége la crédulité du peuple.

Lisez, Citoyens Représentans; lisez cet interrogatoire; il est le dépôt de l'innocence de la citoyenne Bouvent et de son prétendu complice, Belvey.

Dans toutes les demandes qui lui sont faites, il n'est plus question de complots, de fils émigré, de correspondances avec les princes; on lui représente une seule lettre, à l'occasion de laquelle vos Commissaires ont fait grand bruit, et dans laquelle un parent l'invite à faire des dons patriotiques; moyen, dit-il, qui a obtenu la tranquillité aux femmes de qualité à Paris. Voilà un mode de contre-révolution qui ne paroît pas dangereux pour la République, et dont il sera sans doute permis à l'accusée de se rendre coupable une seconde, une troisième et plusieurs fois encore, si elle le juge nécessaire : aussi a-t-elle répondu *qu'elle n'a pas cru qu'il y eût du mal à faire du bien à la Nation, ni à acquérir à ce prix sa tranquillité, puisque ces dons faisoient connoître qu'elle étoit bonne patriote* (1).

La clôture de l'interrogatoire frappera : les rédacteurs, après avoir parlé, dans l'antépénultième question, de la lettre dont on vient de s'expliquer, terminent par dire.

« Les autres papiers et lettres saisis chez la » répondante, ayant été lus et examinés *atten-* » *tivement* par le directoire, il ne s'y est *rien* trouvé » qui intéressât *directement* ni *indirectement* la » tranquillité publique, *ni* de contraire aux loix » ou à l'intérêt de la Nation; et en conséquence, » il a été jugé *inutile* d'interroger la déposante sur » eux, et ils ont été renfermés sous une même » enveloppe cachetée, sur laquelle ont été écrits » ces mots: *Papiers inutiles de la citoyenne veuve* » *Chatillon*...» Qu'on lise aussi l'interrogatoire fait au domestique et ses réponses, on verra qu'il a nié constamment les propos que lui attribuoit le dénonciateur.

Inutilement l'innocence accusée, demande à être renvoyée définitivement, même provisoirement: inutilement elle requiert qu'il lui soit délivré extrait de la dénonciation dirigée contre elle, et de

____

(1) Voir l'interrogatoire coté N°. 5.

l'ordre en vertu duquel elle étoit détenue. Vos Commissaires, voyant sans doute qu'ils avoient été trompés par leur trop grande facilité à croire aux conspirations, prévoyant que la circonstance par laquelle on avoit fait une nouvelle Elisabeth de la veuve Bouvent, devenoit fort défavorable au dénonciateur, jugèrent à propos de garder dans leur porte-feuille cet acte d'accusation, qui auroit dû être déposé ou à l'Administration, ou entre les mains de l'Accusateur Public.

Il leur fut cependant demandé avec inftance par le Procureur-général-syndic, qui mande aux Commissaires, (page 6 de la lettre cotée n°. 2.) « On vous disoit que la Bouvent *n'avoit point* » *d'enfant;* on vous rapporta que la perquisition » chez Belvey, n'avoit rien produit ; on vous » demanda la dénonciation que Duperrier vous » avoit faite ; et dès le moment que vous avez » cru devoir *la garder par-devers vous* & vous » borner à nous dire ce qu'elle contenoit, il a » bien fallu raisonner d'après les faits ou les » *contradictions* matérielles que l'on avoit sous » les yeux ». Que de traits de lumières partent de cette lettre, pour ceux qui savent voir !

On est bien loin de croire que les Commissaires Amar & Merlinot ayent été capables de laisser substituer une nouvelle dénonciation à la première, dont on avoit senti l'invraisemblance : mais cependant, pourquoi Duperrier les a-t-il suivis pendant plusieurs jours ? Pourquoi, pendant qu'ils ont été dans le Département, ont-ils reçu plusieurs visites de la part de ce dénonciateur ? Pourquoi ? Pourquoi toujours annoncent-ils de l'humeur, lorsque les Administrateurs & le Procureur-général-syndic leur présentent des observations pleines de justice et d'humanité en faveur de la citoyenne

Bouvent ? Pourquoi disent-ils , avec une dûreté impardonnable , « vous nous entretenez sans cesse de cette femme..... le Procureur-général-syndic nous fatigue sans cesse, et nous provoque à *résipiscence*...... Nous pensons que sa foiblesse et sa facilité est une protection ouverte aux *réclamations* contre nos arrêtés, & qu'il doit être garant des suites fâcheuses dont il nous entretient perpétuellement ? » Pourquoi, sur-tout , les Commissaires voyant que les interrogatoires ne donnoient pas des résultats conformes à ceux qu'ils desiroient sans doute, ont-ils, depuis cette époque, fait défenses aux Administrations « de connoître d'au-
» cune justification, de ne plus interroger les
» détenus, pour ne pas cumuler, leur disent-ils ,
» des pouvoirs que les *principes* et nos *arrêtés* ne
» mettent pas dans vos mains. Les lettres que
» nous recevons, les documens qui nous arrivent
» de toutes parts, notamment des Départemens
» de l'Ardêche, dans lequel dix mille hommes
» connus sont prêts de faire les tentatives d'un
» soulèvement semblable à celui de la Vendée
» et des deux Sèvres, le *salut public* , les *circonstances* en un mot, nous déterminent à vous
» interdire *toutes enquêtes* , *tous interrogatoires* ;
» vos *travaux d'administration* ne vous en laissent
» d'ailleurs aucuns loisibles.

» Nous vous prions aussi de regarder les dé-
» tenus pour cause de suspicion notoire, comme
» des gens qu'il faut mettre hors d'état de nuire,
» et comme des ôtages ; ainsi, tout ce qu'ils peu-
» vent dire pour se justifier, *et rien*, ce doit être
» de même : dès que l'opinion publique a pro-
» noncé sur leur compte, il n'y a ni *procès*, ni
» *formalités* à observer pour les *séquestrer.* « (Extrait de la lettre cotée n°. 1.)

Nous venons de prouver sans réplique, l'injustice et l'illégalité de la détention de la veuve Bouvent; nous avons aussi prouvé par-là celle du citoyen Belvey son prétendu complice. Comment se fait-il donc que les Commissaires qui n'avoient pas cru devoir le faire arrêter ensuite de la perquisition faite chez lui, laquelle n'avoit rien produit, l'ayent mis et laissé au nombre des détenus, lui militaire septuagénaire & hors d'état de se servir, par les suites d'une blessure? Les Commissaires vont nous fournir cette explication; ce ne sera pas sans étonnement qu'on les verra aider au dénonciateur à sortir de l'embarras dans lequel il s'est jetté à l'occasion de la veuve Bouvent; ce ne sera pas sans surprise qu'on les verra hasarder des conjectures et des raisonnemens, qui annoncent ou des hommes qui ne veulent pas avouer qu'ils ont été trompés, ou des hommes qui, aveuglés par la prévention, la partialité et l'envie de trouver des coupables, oublient le caractère dont ils sont revêtus. Lisons attentivement leur lettre du 20 avril aux Administrateurs.

« Au reste, ce que vous nous dites du témoi-
» gnage de Duperrier, (c'est le dénonciateur) la
» comparaison faite de ces deux dénonciations, ne
» lave point du tout la veuve Bouvent: il est im-
» possible qu'il ait pu inventer un conte sembla-
» ble (celui de la supposition d'un fils à la
» citoyenne Bouvent); mais il n'est pas impos-
» sible que sa mémoire l'ait *trompé*, ou qu'il se
» soit *leurré* lui-même; en prenant pour le fils
» de la dame Chatillon, celui de Marron-Belvey;
» et ce sera *probablement* de ce dernier, duquel
» l'aura entretenu le cocher: ainsi, nous *persis-*
» *tons* à regarder cette femme et son cocher
» comme *coupables, plus encore* Belvey. Nous

» désirons, nous requérons même, que nos let-
» tres, et *sur-tout celle-ci*, soient jointes au procès,
» pour servir de *renseignement* à l'Accusateur pu-
» blic du tribunal révolutionnaire qui connoîtra
» de cette affaire, & pour *remémorier* Duperrier
» sur tous ces faits ».

D'après ce passage, qui n'a pas besoin de
commentaire, comment ne pas craindre que Duperrier n'eût eu l'adresse de substituer une nouvelle dénonciation à la première, dont la con-
noissance, comme on l'a prouvé, a été refusée
obstinément, soit à l'administration, soit à l'accusée ? Sans cette manœuvre de la part du dénonciateur, les Commissaires auroient-ils pu espérer,
comme ils l'annoncent, voir les accusés traduits au
tribunal révolutionnaire ? On laisse à des Juges im-
partiaux à fixer le degré de confiance qu'on doit
avoir au rapport que feront les Commissaires, et
aux pièces qu'ils produiront soit dans cette affaire,
soit dans toutes celles dont ils se proposent
d'informer l'Assemblée. En se créant le Conseil
des dénonciateurs, en se montrant leurs protec-
teurs aussi chauds, en refusant avec ténacité la
communication des actes de dénonciations, on le
demande à ceux-mêmes qui sont les apôtres de la
suspicion, s'ils n'ont pas entaché de la suspicion
la mieux fondée tout ce qui pourra sortir de leur
étonnant porte-feuille ?

Ne pourroit-on pas dire ici, tant pour ce qui
est relatif à la veuve Bouvent, au Citoyen Belvey, qu'aux autres détenus pour correspondances
relatives à *de grands complots* : Quoi ! Amar et
Merlinot vous avez découvert de grandes conspirations, éventé de grands projets de contre-révolution : et deux mois s'écoulent sans que vous ayiez
voulu qu'on interrogeât seulement vos grands cou-

pables ? vous aviez de grands exemples à donner, et vos grands criminels retenus dans les cachots n'ont pas encore satisfait à la vengeance publique ? Pendant que vos accusés gémissent dans les fers, quoi! vous Amar et Merlinot, vous vous occupez à contempler la belle nature à *Fareins*, dans la maison de plaisance de l'un de vous ? Quelle tranquillité, quel flegme! et vous osez venir nous dire, de sang-froid, que vous avez fait des découvertes, desquelles dépend le salut de la Patrie....... Ah! cessez d'insulter aux malheureux que vous avez faits.

Nous avons été forcés d'entrer dans ces détails sur la détention de la veuve Bouvent; d'abord, parce que l'énoncé que nous en fîmes dans notre Pétition parut incroyable à quelques membres de la Convention, et excita en général un mouvement d'horreur; ensuite parce qu'ils sont la preuve de l'abus de pouvoir, de l'arbitraire dont nous inculpons vos Commissaires; enfin parce qu'ils nous évitent de peser sur les autres arrestations, toutes faites dans l'esprit et d'après l'oubli des formes qui caractérisent la première. Comme la veuve Bouvent, tous les détenus se plaignent d'avoir été jetés dans les prisons, sur des suspicions vagues, sans avoir pu obtenir copie d'aucune espèce de pièces, telles que dénonciations, ordres, mandat d'arrêt, &c. Les détenus de Thoissey, Châtillon (1), Trévoux, Montluel, &c. forment à cet égard, une réclamation uniforme, qui s'explique par l'ordre intimé au Département par Amar et Merlinot.

Sous le nº. 7, on trouvera toutes les pièces relatives à l'arrestation illégale du Domestique dont il est parlé dans notre Pétition : on verra

______

(1) Voyez les adresses cottés nºs 4 et 6.

que

que l'auteur de la lettre a demandé à la Municipalité & au District de Châtillon, qu'on le poursuivît personnellement, qu'on imprimât à ses frais cette lettre contenant, selon vos Commissaires, des doubles sens, et cachant des intentions perfides : on verra qu'il n'y a point eu de formalités remplies dans cette arrestation, exécutée sur l'ordre *verbal* des Commissaires : on verra que la Municipalité et le District répondirent qu'ils n'étoient pas les auteurs de la détention, et que la lettre qui paroissoit en avoir été le motif, étoit ou égarée, ou restée au pouvoir des citoyens Amar et Merlinot ; ... elle est sans doute dans le portefeuille !

Ici se présentent tous les raisonnemens faits à l'occasion de l'acte de dénonciation de la citoyenne Bouvent ; on ne les répétera pas : l'Auteur de la lettre, qui est un des pétitionnaires, se bornera à interpeller vos Commissaires, de faire lecture de cette pièce (quoiqu'il ne l'ait pas paraphée) ; et de cette lecture jaillira la preuve frappante de l'innocence et du porteur et de l'auteur.

L'on apprend que ce Domestique vient d'être élargi sur les certificats de bonne conduite et attestations favorables, fournis par la Municipalité de Bourg ; mais rendu à la liberté, après avoir séjourné plus de six semaines dans les prisons, il lui est dû une indemnité. On pourroit en donner pour motif qu'il est *pauvre*, père de quatre enfans, et que les Commissaires sont *riches* ; mais on réclame la loi, qui est la même pour tous, soit qu'elle protège, soit qu'elle punisse : elle donne une action à l'opprimé contre l'oppresseur. On espère que la Convention fixera le mode et la nature de l'indemnité, ou indi-

B

quera le tribunal près duquel cette réclamation pourra être portée.

Pour s'excuser seroit-il possible qu'Amar et Merlinot prétendissent que ce Domestique est celui d'un aristocrate, d'un ci-devant Commissaire du ci-devant Roi, près un Tribunal de District. A cela on répondroit que tout ce que seroit ou pourroit être l'auteur de la lettre, est fort étranger au malheureux Domestique, qui ne savoit pas ce qu'elle pouvoit contenir ; on répondroit que depuis l'extension donnée au mot *aristocrate* par Amar et Merlinot, on peut fort bien être par eux qualifié de la sorte, et cependant être un fort bon citoyen et un excellent républicain. Au surplus, que la lettre se lise, et la Convention prononcera.

Une seule circonstance pourra diminuer tout l'odieux que présente cette affaire, c'est que la lettre fut lue, & l'arrestation ordonnée sur la fin d'un banquet patriotique, donné en l'honneur des deux citoyens Commissaires (1).

Nous nous sommes plaints de ce que deux citoyens, acquittés par jugement de quelques inculpations relatives à une correspondance suspecte, ont été de nouveau incarcérés par ordre des Commissaires, sans qu'il fût survenu contre eux de nouvelles charges ; on trouvera la preuve de cette injustice criante, sous les n°s 8 et 3.

L'article 3 de l'arrêté des Commissaires, en date du 3 avril, porte : « Les citoyens Perruquet » et Badon, dénoncés *ci-devant* à raison de corres-

─────────

(1) Ce fait est notoire à Châtillon ; il nous a été attesté par une grande partie des Convives, et les citoyens Commissaires ne le contrediront pas.

» pondance et intelligence avec les émigrés , seront
» mis en état d'arrestation , comme notoirement
» suspects , et vu le danger qui menace la Patrie. »

Nous sommes nantis de l'expédition du jugement qui déclare qu'il n'y a pas lieu à accusation
contre les citoyens Badon et Perruquet, et pro-
nonce leur élargissement (1).

C'est ainsi que les *circonstances* , le salut
de la Patrie , l'aristocratie, etc., et tous les
grands mots de l'éloquence populaire , ont servi
de prétexte à vexer , tourmenter , et encouven-
ter une multitude de citoyens dans un Département *vierge* de tous les maux qu'ont éprouvés la
plupart de ceux qui composent la République.
C'est ainsi que deux Délégués des Délégués du
Peuple cassent et annulent *sous leur bon plaisir* ,
et parce que *telle est leur volonté* , les actes émanés
des tribunaux populaires !... Que diroient les habitans de Paris si tous ceux qu'ont pu absoudre
les jurés d'accusation, de jugement et le tribunal
criminel , venoient à être réintégrés dans les prisons sous des prétextes aussi extraordinaires que
ceux qui ont motivé la réincarcération des citoyens Badon et Perruquet ?.. Nous abandonnons
la suite de ces réflexions aux Représentans d'une
Nation qui veut être libre , à des Représentans
qui n'ont pu ni voulu ramasser les débris d'un
sceptre qu'ils ont brisé.

Oui, nous l'avons dit , et nous le prouvons,
que vos Commissaires ont fait arrêter des Citoyens
et Citoyennes n'ayant contre eux que leur précédent état civil, & pour eux des attestations
avantageuses d'une Société populaire , celle de
Chatillon-sur-Chalaronne. Nous joindrons à ce

----

(1) Voir à la suite la pièce sous la lettre A.

mémoire la délibération que (1) l'humanité et la justice ont dictée aux vrais patriotes qui composent cette société.

Nous avons dit encore, et nous prouvons que le civisme de ces mêmes détenus est attesté et leur élargissement consenti par leur municipalité et le directoire du district de Châtillon. Nous produisons un de ces actes (2) de chacune des deux autorités ; et sous huitaine, nous justifierons aux Comités chargés du rapport, des avis donnés en faveur de tous les détenus de Châtillon, qui sont au nombre de vingt-quatre.. Les différentes Municipalités auxquelles ont été adressées les requêtes, ont répondu que les réclamans n'avoient en aucune manière donné lieu à la suspicion dont on avoit chargé leur tête ; et cette suspicion est cependant la seule cause de la perte de leur liberté.

La Commune de campagne, dont nous vous avons parlé, est celle de Marboz, district de Bourg. Depuis long-tems elle est divisée en deux partis, à l'occasion des opinions religieuses : l'importance que l'on y a attachée, la difficulté de faire entendre et observer la liberté, que demande la saine philosophie sur des sentimens de cette nature, ont excité et entretenu des haines et des inimitiés dans les deux partis. L'arrêté du 3 avril, dont nous avons si souvent parlé, ayant été imprudemment envoyé à toutes les Municipalités, son exécution arbitraire, dont on ne peut accuser que les Commissaires, a donné lieu à une multitude d'arrestations domiciliaires. Cette Commune est une des plus fortes du Département par sa

---

(1) Elle est cotée, sous le n°. 9, dans les pièces déposées, et dans les pièce justificatives sous la lettre B.

(2) Voir la pièce justificative sous la lettre C.

population , et il est de notoriété publique que les détentions ordonnées dans cette Municipalité , sont effrayantes par leur nombre. Nous ne pouvons administrer d'autres preuves que la notoriété , soit pour les arrestations faites dans cette paroisse , soit pour celle du Meunier dont nous avons parlé , et que nous attestons être dans les nouvelles prisons de Bourg. L'ordre de négliger toutes les formalités , de ne point faire d'interrogatoires, explique l'impossibilité où nous sommes , d'éclairer complettement les Comités de la Convention. Sans cela , Citoyens Représentans , nous vous aurions présenté aussi les réclamations d'une multitude d'individus des deux sexes , gémissant dans les prisons de Trévoux , Montluel , et dans presque toutes célles du Département. (1)

A Trévoux , toutes les vengeances ont été exercées , toutes les haines assouvies ; et des citoyens , pères de famille , accusés vaguement d'aristocratie , parce qu'ils respectent et observent vos décrets et les loix , ont été arrachés à leurs femmes , à leurs enfans , avec une inhumanité et une barbarie dont rien n'approche.

La veuve d'un Sellier ; trois femmes qui pendant quarante - ans servirent les pauvres et les malheureux , en pansant les plaies et administrant des remèdes ; la fille d'un sexagénaire , père de six enfans ; un père , dont le fils est dans une des légions de la République , et sert la Patrie , etc. , entassés dans les prisons , étendent les bras vers la Convention , et les yeux baignés de larmes , demandent à revoir le jour : et leur crime fut de croire à la liberté des opinions religieuses !...

On a rafiné la cruauté jusqu'à faire enlever

---

(1) Voir page 40 l'Addresse du Département.

dans un banquet patriotique , *donné à vos Commissaires* , un des citoyens qui contribuoit aux frais de cette fête civique : inutilement on a demandé à Amar et Merlinot le nom du dénonciateur : inutilement la trop malheureuse femme du citoyen Chuinague accusé , a cherché à intéresser l'ame d'Amar et Merlinot en faveur de son mari (1) ; ils ont impitoyablement fait traduire cette victime dans le lieu où sont les criminels ; et, depuis plus de six semaines , ce père infortuné , dont le patrimoine principal est son travail , est enlevé à ses occupations , aux besoins de sa famille. Point de procès-verbal , point d'interrogatoire , violation de toutes les formes ; par-tout on retrouve le despotisme avec ses égaremens et ses fureurs.

Est-il étonnant , d'après cela , qu'un des proscrits , le citoyen André , frappé de la terreur que les actes des Commissaires ont jetée dans tous les esprits, se soit soustrait à la réclusion à laquelle ces Commissaires l'ont condamné ? C'est la persécution qu'il a fuie, et non la justice ; il se constituera prisonnier , il soumettra sa conduite à l'examen , dès qu'il aura d'autres juges qu'Amar et Merlinot , dès qu'il retrouvera ses juges naturels.

Et, qui le croiroit ? Merlinot, l'un des deux Commissaires , est Député du département de l'Ain à la Convention ; il est domicilié à Trévoux , et la contrée, qui plus spécialement a donné sa confiance ; celle , qui devoit principalement trouver dans ce député un défenseur contre l'oppression, est

______

(1) Ce Citoyen produit son certificat de civisme ; il est Notable , Membre du Bureau de Conciliation, etc. pendant plusieurs jours on lui a refusé la consolation de voir sa femme.

précisément celle qu'il préfère pour être le théâtre d'un pouvoir arbitraire dont il dirige les coups.

Nous nous attendons sans doute à voir les deux Commissaires se présenter à la tribune, et venir s'écrier : « Et nous aussi nous avons sauvé la Pa-
» trie : sans nous les vapeurs infectes de l'aristo-
» cratie auroient couvert le Département de l'Ain :
» sans nous, les conspirateurs de toutes les couleurs
» alloient triompher : sans nous, une contre-révo-
» lution pareille à celle qui se manifeste dans la Ven-
» dée, alloit éclater : nous avons rendu la vie aux Pa-
» triotes assoupis, relevé leur courage, ranimé leurs
» espérances ; nos opérations étoient indispensables,
» nécessitées par les *circonstances....* Il a bien pu se
» faire que quelques individus ayent été victimes
» et incarcérés un peu légèrement ; mais les grandes
» mesures entraînent toujours avec elles quelques
» inconvéniens ; et, lors même que nous aurions
» été forcés de nous écarter des loix particulières,
» la grande loi du salut public légitimeroit toutes
» nos démarches, canoniseroit toutes nos opéra-
» tions (1) ».

Non, Citoyens Amar et Merlinot, non, la Convention, qui vous a donné une mission importante, ne se satisfera pas de phrases insignifiantes ; elle vous jugera sur vos actions ; elle vous mettra sous les yeux notre rapport, auquel vous ne pourrez répondre que par votre repentir ; elle vous demandera compte des cris et des gémissemens que vous avez excités et qui rétentiront long-tems dans nos cœurs ; elle vous demandera compte des dénis de justice que vous avez

______

(1) Preuve contraire dans la pièce, page 42.

fait éprouver à 500 de nos concitoyens , qui , fussent-ils coupables, ce que vous ne deviez ni dire ni présumer , devoient obtenir des juges , devoient sur-tout être remis à ceux que la loi leur donnoit, à ceux dont vous avez paralisé les fonctions en abusant de votre pouvoir; elle vous demandera quel est le but d'une politique qui épouvante les amis de la liberté , qui feroit haïr, s'il étoit possible , ce qu'elle doit faire aimer; ce que c'est qu'une politique qui désole et tourmente les hommes et transforme en tête de Méduse la raison et la philosophie.

Vainement vous voudrez , dans le sein de la Convention , soutenir que ce sont les municipalités qui ont ordonné les arrestations ; que vous vous êtes entourrés des corps administratifs, et que c'est d'accord avec eux que vous avez employé des mesures de rigueur. A cela nous vous répondrons : 1°. Que c'est vous qui avez fait l'arrêté du 3 avril qui , dans bien des articles, présente au Département et à toutes les autorités constituées des mesures despotiques : 2°. Que vous avez répandu une si grande terreur, par l'emploi de vos pouvoirs et la morale que vous avez prêchée, que vous avez écrasé la voix des représentations: 3°. Que c'est vous qui, en annonçant que l'extravagance même en dénonciation étoit une vertu, c'est vous qui avez provoqué les listes de proscription dont vainement vous voudriez aujourd'hui rejetter l'odieux sur nos administrateurs. Et certes, ne croyez pas que ce soit pour les flatter que nous les disculpons; si nous leur connoissions des torts, nous les accuserions avec vous: 4°. Qu'une preuve que les administrateurs du Département n'ont pas été les approbateurs passifs de vos démarches, c'est qu'ils ont réclamé à différentes reprises en faveur des détenus ; c'est que de concert avec le Procureur-général-syndic, pour vous amener à *résipiscence*, ils ne vous ont pas épargné les réflexions sur vos détentions en général et sur celle de la veuve Bouvent et de son prétendu complice, en particulier ; vos lettres mêmes et celle du Procureur général en fournissent la preuve. Ce sont vos cœurs qui ont été fermés et non les leurs ; c'est votre justice qui a été paresseuse, pendant que la leur n'a cessé d'être active. Vos collègues Mollé, Deydier, Royer vous peindront la sollicitude de l'administration entière, sollicitude manifestée par des lettres multipliées et notament par un arrêté du 25 avril (coté n°. 10), arrêté dans lequel ils demandent, à grands cris, que la Convention s'occupe donc de leurs *frères* détenus et leur donne des Juges (1).

C'est ensuite de cet arrêté, que le Comité de sûreté générale de la Convention, a aussi arrêté le 30 avril, (n°. 11.) que les autorités constituées seroient autorisées à prononcer, ainsi qu'elles le jugeroient convenable, sur le sort des détenus,

---

(1) Ces raisonnemens sont-ils insuffisants pour prouver que Merlinot et Amar sont seuls coupables des arrestations aussi nombreuses qu'illégales et irréfléchies qui ont eu lieu dans notre Département ? Prouvons - leur qu'eux seuls appellent sur leurs têtes l'animadversion de la Convention qui sera indignée sans doute qu'en son nom on ait pu faire autant de mal à la liberté, et en aussi peu de tems. Eh bien lisez votre arrêté du 16 de ce mois, lisez-le Amar et Merlinot, lisez aussi l'adresse du département du 19, son arrêté du 20, et reconnoissez que si la dictature fût restée plus long-tems entre vos mains, la maison de Fareins n'eût pas tardé à devenir le château de Versailles, et votre portefeuille celui de défunt Saint-Florentin.

autres néanmoins que ceux qui le sont en vertu d'ordre des Commissaires; la Convention devant seule statuer sur ces derniers.

Au premier aperçu , il sembleroit que cet arrêté favorise le jugement d'un grand nombre de détenus : pas du tout. Les administrations , d'après les *précautions* des Commissaires , n'ont pu et ne peuvent connoître que du très-petit nombre des arrestations faites. Ouvrons la lettre de nos Proconsuls , qui nous a fourni déjà tant de renseignemens utiles , et nous verrons d'abord que tous les détenus de Châtillon ne peuvent être jugés , sans que les autorités locales s'exposent à enfreindre les ordres d'Amar et de Merlinot.

« Châtillon-sur-Chalaronne a poussé l'exacti-
» tude et la précision jusqu'à nous envoyer le
» tableau des personnes *arrêtées* ou *consignées* en
» vertu de nos arrêtés ; ce tableau est divisé en
» colonnes, dans lesquelles se trouvent les noms
» des détenus , la cause de leurs détentions , et
» le lieu d'arrêt dans lequel ils se trouvent ».

Nous sommes parvenus à nous procurer un extrait de ce tableau , le seul peut-être qui ait été délivré sur la demande d'un prisonnier, quoique les autres ayent, pour le même objet, présenté à différentes reprises, des requêtes sur lesquelles on n'a pas fait droit (1). On voit à la fin de ce tableau (2), approuvé par les Commissaires, l'injonction faite par eux aux administrateurs de se conformer aux dispositions de l'arrêté du 3 avril ; et cet arrêté, article 19, « renvoye les *procès*

____

(1) Voir l'adresse cotée N°. 6.

(2) Coté N°. 12.

verbaux de nouvel examen du cas particulier dans lequel se trouvera chaque individu privé de sa liberté et de l'avis qui sera donné en conséquence par le directoire du Département de l'Ain à la Convention *nationale* , ou à tel *Comité , tribunal* ou *reviseur* qu'elle avisera (1). »

Si l'approbation , donnée par les Commissaires, au tableau dont on vient de parler , doit faire considérer les détenus comme arrêtés par les ordres des commissaires , alors les autorités constituées ne pourroient connoître de l'arrestation des dénommés ; et cependant tous ceux, qui sont sur cette liste , sont les mêmes qui ont obtenu des attestations favorables de la part de leurs municipalités et du district de Chatillon ; c'est également en faveur de quelques-uns d'eux , que s'est expliquée la Société populaire, dont nous avons cité la délibération. Il se peut et il est à présumer qu'il existe de pareils ordres donnés à l'administration de chaque district.

Le cas alors deviendroit embarrassant et rendroit illusoire l'arrêté du Comité de sûreté générale , si une prompte décision de la Convention ne tranchoit sur toutes ces difficultés et ne réparoit , autant que possible , les nombreuses fautes, les inconséquences et les torts graves de ses Commissaires.

Il est d'autant plus instant que l'assemblée décide promptement , sur notre pétition , que , qui le

____

(1) *Fiat lux !* Les Commissaires parlent ici de procès verbaux d'examen et d'avis ; et ils les interdisent par leur lettre du 20 Avril ainsi que toute espèce de formalités.

croiroit ? les Commissaires par un arrêté du 16 de ce mois, parti de la fameuse maison de *Fareins*, ont statué que leurs précédens arrêtés seroient strictement exécutés ; et ce qui surprendra, c'est que tout en voulant persuader à présent que les arrestations ne sont pas de leur fait, mais de celui des corps administratifs, les Commissaires témoignent leur mécontentement de ce que la Municipalité de Thoissey s'est *avisée* d'élargir les prisonniers, et finissent par fulminer des ordres au Département, en affectant tour à tour dans leur stile, le ton de la hauteur, celui de l'ironie, et jamais celui de la raison ni de la justice... On auroit peine à se le persuader ; mais le fait est établi ; l'arrêté dont nous parlons est du 16 Mai, et les pouvoirs des Commissaires étoient révoqués depuis le 30 avril, et cette révocation est enregistré au Département depuis le 9 de ce mois. Aussi après avoir assuré la Convention nationale dans une adresse du 19, qu'il n'y eût jamais ni trames ni complots dans notre Département, et que les mesures de circonstances employées par les Commissaires, étoient inutiles, les Administrateurs en Conseil-général, avertissent l'assemblée qu'ils ont cru devoir regarder comme non avenu le fameux arrêté du 16. Ils se fondent avec raison sur la cessation des pouvoirs des citoyens Amar et Merlinot, et sur l'empêchement qu'ils mettoient à l'exécution de l'arrêté du Comité de Sûreté générale, du 25 avril dernier, qui autorise l'administration à prononcer sur le sort de quelques détenus.

Combien il en coûte aux citoyens Amar et Merlinot, de remettre le poids énorme dont ils s'étoient chargés ! Les Dictateurs Romains, retournoient autrefois fort aisément de leur charue

à la Dictature, et de la Dictature à la charue ;
il n'en est pas de même des citoyens Amar et
Merlinot ; ils veulent toujours que Fareins soit
le Capitole , et faire de là respecter leurs volontés
et leurs caprices , malgré les ordres de la Convention qui , les ayant rappellés depuis plus de
trois semaines, avoit mis fin à leurs pouvoirs.
Enfin les voilà rendus à leur poste ; nous souhai-
tons qu'ils puissent y justifier leurs intentions ;
ils nous paroît difficile qu'ils puissent se laver de
l'odieux des faits que nous leur reprochons ;

Aussi attendons - nous avec la plus grande confiance que la Convention nationale rendra incessamment à notre Département le calme et
le bonheur dont il jouissoit , avant l'arrivée d'Amar
et Merlinot, qu'elle cassera leurs arrêtés et im-
prouvera leur conduite : nous espérons que, touchée
de la longue détention de ceux dont nous sommes
les organes, nous pourrons leur annoncer inces-
sament leur retour à une liberté, qui leur a été
ravie de la manière la plus outrageante et la plus
vexatoire.

Et vous , Citoyens Amar et Merlinot, actuel-
lement que vous nous avez forcés à fuir nos foyers,
pour venir dans le sein de la Convention défendre
les victimes que vous avez immolées ; actuelle-
ment que vos bras sont désarmés et que vous êtes
redevenus nos Représentans : nous vous dirons
qu'il vous eût été facile de vous faire chérir et
bénir dans notre Département, si vous aviez
su y être justes ; nous vous dirons que, par votre
conduite, vous n'avez laissé , dans les esprits
foibles que le sentiment de la terreur, et dans
les ames énergiques, que celui de l'indignation.
Nous chérissons la liberté, l'égalité ; vous n'avez
respecté ni l'une ni l'autre , puisque vous avez

violé toutes les loix relatives à la sûreté des
personnes, par des détentions illégales et de pré-
jugé : nous voulons la République ; des Républicains se font remarquer par leur justice, et
plusieurs centaines de malheureux, dont les gémissemens vous poursuivent, vous l'ont deman-
dée en vain ; vous avez eu la dureté de les re-
pousser.

Vous voilà dépouillés d'un caractère dont in-
volontairement sans doute, vous avez cruellement
compromis la dignité : revenez à vous - mêmes ;
et puisqu'il est si difficile d'être revêtu d'une autorité immense sans être exposé à en abuser,
montrez que du moins vous ne savez pas per-
sister volontairement dans le mal ; connoissez
que vous avez pu être trompés, qu'un enthou-
siasme louable en lui-même, vous a dévoyés dans
l'application des mesures que commandent les
dangers de la Patrie ; convenez même que des
passions ont pu vous maîtriser dans certaines circonstances : vous êtes hommes ; voilà votre excuse.
Mais en prouvant que vous n'avez pas la vanité
de vous croire à l'abri des surprises et des fautes,
prouvez aussi que vous n'avez d'autre desir que
le triomphe de la liberté et de la justice, et que
vous ne voulez obéir qu'à ce seul esprit de parti :
ne récriminez pas, en employant contre nous des
moyens que repousseroient la philosophie et la raison ; nous les combattrions avec fermeté, courage
et succès ; voyez dans notre démarche, dans tout
ce que nous avons dit, la franchise de Républicains
qui méritent votre estime, par là même qu'ils ne
craignent pas de dénoncer et combattre vos erreurs
et vos écarts (1).

---

(1) Supposeroient-ils, ces Commissaires, que tous leurs

Citoyens Amar et Merlinot , voulez-vous convaincre la République que vous êtes vraiment dignes d'être ses Législateurs et Représentans? voulez-vous à jamais vivre dans le cœur de ceux même qui se plaignent des traitemens douloureux que vous leur avez fait éprouver ? Réunissez-vous à nous; pressez la Convention de réparer le mal que vous avez fait; et que ceux qui sont par vous privés trop légèrement et trop long-tems de leur liberté, vous en doivent le retour.

Insistez aussi pour qu'une Loi sage vous garantisse à l'avenir de vous-mêmes, et pour que ceux de vos Collègues qui pourroient abuser de ce qu'il faut quelquefois leur confier de pouvoir, présentent une responsabilité aux Citoyens dont ils feroient des victimes : ce n'est peut-être qu'en s'enchaînant eux-mêmes par des loix sévères, que nos Représentans arriveront à nous rendre libres, en nous préservant de la crainte de leur propre tyrannie.

D'après les preuves faites, les observations présentées dans ce mémoire, la tranquillité qui a toujours distingué notre Département, la longue détention qu'ont éprouvée ceux dont nous sommes les organes, l'illégalité des arrestations, la légèreté des motifs qui les ont occasionnées, enfin

---

faits sont des actes de Députés, parce que leurs poitrines, du matin au soir, à table, en visites, etc. étoient évidemment décorées des attributs et du ruban tricolore? On leur observeroit que, si les Fonctionnaires publics ont de justes priviléges, on n'est Fonctionnaire qu'autant qu'on se tient dans la ligne de la Loi, et qu'aucune décoration ne dispense de la responsabilité, quand les faits partent de l'arbitraire.

d'après la violation manifeste des principes de justice naturelle, nous concluons au renvoi définitif
de tous les détenus, et très-subsidiairement à leur
élargissement provisoire, en donnant caution ; cas
auquel le Département sera autorisé et invité à
prononcer incessamment sur toutes les espèces
d'arrestations et de détentions intervenues d'après
les ordres des commissaires dans les districts et municipalités.

Nous demandons la cassation des arrêtés des
Commissaires des 3 Avril et 16 Mai, et l'im-
probation de leur conduite ; persistant au surplus dans les autres pétitions par nous présentées
à la barre de la Convention le 19 de ce mois,
sans préjudicier aux conclusions particulières de
chacun des détenus.

*A Paris le 22 Mai, an deuxième de la Répu-
blique une et indivisible. Signé* CHICOD, GOYFFON,
MOREL, ET VALENTIN, *fondés de pouvoirs des
détenus de Bourg, Montluel, Trévoux, Chatillon,
Thoissey, et autres lieux.*

SINGULARITÉ REMARQUABLE.

Le même jour, 19 Mai, où les Pétitionnaires se plaignoient à la Convention de la conduite de Merlinot et Amar,
le Conseil-général du Département de l'Ain
rédigeoit aussi une Adresse relative à leurs
procédés (*Voir page* 39.)

IL est des sympathies........!

PIÈCES JUSTIFICATIVES

Tant de la P̀ETITION présentée à la Convention le 19 Mai, que du MÉMOIRE y relatif, remis aux Comités réunis de Législation et de Sûreté générale.

C

(A.)

EXTRAIT *du registre du juré d'accusation du Tribunal du district de Bourg, chef-lieu du département de l'Ain.*

Du dimanche 27 Janvier 1793, l'an deuxième de la République française.

Par ces motifs le Tribunal dit, qu'il n'y a pas lieu à dresser acte d'accusation, contre les citoyens Perruquet et Badon : en conséquence ordonne que lesdits Perruquet et Badon qui sont détenus, seront mis en liberté. A cet effet le présent jugement sera à la diligence du commissaire national, signifié ou notifié aux officiers municipaux de cette ville, en la personne de leur secrétaire greffier.

Fait au prétoire, à huis clos, les jour et an que dessus, *signé* au registre CHESNE, BRANGIER, CHALAND, POPULUS, FAVIER, directeur du juré et ENJORRANT (fils), commissaire national.

(B.)

EXTRAIT *des registres des délibérations de la Société des Amis de la Liberté et de l'Égalité, de Châtillons-les-Dombes.*

Du vendredi 19 avril 1793, l'an second de la République Française, à cinq heures de relevée.

La Société des amis de la liberté et de l'égalité assemblée et réunie dans le lieu ordinaire de ses séances sous la présidence du citoyen Meurier fils :

A l'ordre du jour, lecture faite du procès-verbal, ensemble de celle des nouvelles.

Le citoyen Roux a demandé la parole, et après un discours qui respire le patriotisme le plus pur, et où brille l'esprit d'équité qui doit toujours servir de boussole aux vrais amis de la liberté et de l'égalité, il a demandé que l'élargissement des citoyens Morel et Despiney ex-Bénédictins, ainsi que celui de la citoyenne Despiney ex-Urseline fût sollicité par les patriotes; attendu que ces citoyens ont donné dans tous les tems et dans toutes les circonstances, des preuves de leur amour et de leur attachement aux loix, qu'ils ont manifesté un civisme doux et paisible, qu'ils ont prêté le serment de maintenir la liberté et l'égalité, ou de mourir en les défendant, et enfin ont acquitté leurs impositions.

Un citoyen a demandé par amendement que cette pétition qui étoit un acte de justice, s'étendît à toutes les ci-devant Urselines, qui n'ayant jamais troublé l'ordre public, ayant également payé leurs impositions, méritent la même faveur.

Un autre citoyen a demandé la même faveur pour les citoyens Guichenon, curé de Dompierre et Calon, surnuméraire au bureau des droits d'enregistrement; il a prouvé que ces deux citoyens n'avoient été dénoncés que par esprit de vengeance et de jalousie.

La motion avec les amendemens mise aux voix, il a été arrêté que la société solliciteroit auprès des députés commissaires Merlinot et Amar, et auprès des corps constitués, l'élargissement des citoyens Morel et Despiney ex-Bénédictins et de toutes les Urselines, des citoyens Guichenon curé de Dompierre et Calon surnuméraire au bureau du droit de l'enregistrement, dont la détention est le résultat de dénonciations odieuses, suggérées par les passions les plus basses, la vengeance et la jalousie. L'ordre du jour épuisé, le Président ayant consulté l'assemblée, a levé la séance et signé avec les secrétaires au registre JEAN BAPTISTE MEURIER (fils), *Président ;* CHAMBRE, RABUEL et MEUNIER, *Secrétaires ;* par extrait vu conforme, signé MEURIER (fils), *Président ;* CHAMBRE et RABUEL, *Secrétaires.*

(C.)

EXTRAIT des délibérations du Conseil-général de la Commune et du District de Chatillon-sur-Chalaronne ci-devant les Dombes.

Le Conseil-général, vu la pétition signée Morel et Despiney relative à leur détention comme personnes suspectes, celle tendante à obtenir leur liberté dont ils assurent n'avoir jamais mérité la privation par aucune démarche, ensemble le soit communiqué à la Municipalité de Chatillon-les-Dombes par le directoire de ce Département à la datte du 17 du courant, après avoir ouï le Procureur de la Commune, estime, en affirmant que le contenu en lad. pétition est parfaitement conforme à la vérité, que c'est le cas d'accorder aux pétitionnaires l'effet de leur demande. Fait ce 21 avril 1793 l'an deuxième de la République. Vu conforme, *signé* DELORME *Maire.*

Vu la présente pétition, le soit communiqué en marge du Département du 17 du courant et les observations du Conseil-général de la Commune dudit Chatillon, en date du 21, le Directoire du District de Chatillon-les-Dombes, ouï le

Procureur - syndic, observe que les exposants se trouvent en état de détention par l'effet de réquisition expresse des Commissaires de la Convention, remise au directoire le 7 du courant, que la voix publique a annoncé qu'ils avoient été dénoncés auprès des comissaires comme ayant des opinions suspectes sur la révolution, et qu'en conséquence ils ont été inscrits comme tels sur le tableau arrêté par le directoire du district le 12 du courant, que néanmoins la pétition qu'ils présentent aujourd'hui donne une véritable explication de leur conduite et de leurs sentimens connus : Que le Conseil-général de Chatillon leur rend pleine justice à cet égard : Que jamais il n'est revenu au directoire aucune plainte sur leur compte, et qu'au contraire d'après les renseignemens et les instructions prises de toutes parts, le directoire assure que les exposants sont des citoyens paisibles, tranquilles, donnant dans toutes occasions des marques de civisme et de zèle pour la chose publique.

Par ces considérations, le directoire estime qu'il y a lieu de renvoyer les exposants de la maison de sûreté de Chatillon, pour rester par provision et jusqu'à décision définitive, consignés sous la surveillance et dans l'étendue de la Municipalité du lieu.

Fait à Chatillon-les-Dombes en directoire le 22 avril 1793, l'an deuxième de la République française. *Signé* CHEREL le jeune, BLANC, D'ALBAN *Vice-Président*, HUMBERT, *Procureur-Syndic.*

(D.)

Le Conseil-Général du Département de l'Ain, à la Convention Nationale.

Bourg, 19 mai 1793, l'an deux de la République française.

CITOYENS REPRÉSENTANS,

Les citoyens Merlinot et Amar, Commissaires députés par la Convention dans notre Département, s'y sont présentés le 18 mars dernier. Ils y ont pris différentes mesures de sûreté générale, qui ont été ponctuellement exécutées ; il s'en est suivi un *grand nombre d'arrestations.*

Les détenus ont réclamé, et d'après une adresse du Conseil-général du Département, *à qui vos Commissaires avoient lié les mains,* votre Comité de salut Public a arrêté le 30 Avril, que les autorités constituées du Département connoîtroient des réclamations, excepté celles relatives aux arrestations exécutées sur les ordres particuliers des Commissaires.

Le même jour, 30 Avril, la Convention a révoqué tous les pouvoirs de ses Commissaires ; et son décret, généralement connu par la voie des Journaux, a été promulgué le 9 Mai dans le Département de l'Ain.

Le Conseil-général présumoit que les citoyens Amar et Merlinot étoient *retournés à leur poste,* lorsqu'il lui est parvenu, de leur part, un écrit tout à la fois *lettre* et *arrêté,* daté de Fareins, district de Trévoux, du 16 Mai, dans lequel, après avoir parlé des démarches du Conseil avec *l'ironie de la supériorité,* ils ajoutent à leurs précédens arrêtés.

C. 4

de *nouveaux* articles *prohibitifs* et *impératifs*, avec injonctions au Département de s'y conformer.

Nous avons respecté les décisions de vos Commissaires, *pendant qu'ils étoient revêtus des pouvoirs dont la Convention les avoit investis ;* mais le principe même de notre déférence nous a fait un devoir de ne pas *les reconnoître*, du moment qu'elles n'ont plus été appuyées sur *un caractère particulier*.

En conséquence le Conseil-général a arrêté, le jour d'hier, que ces *nouvelles dispositions* des citoyens Merlinot et Amar seroient regardées comme *non avenues*. Il vous envoye copie de l'écrit qui les contient, et extrait de l'arrêté *qui en refuse l'exécution*.

Ils ont dit à la fin de leur lettre, qu'ils étoient instruits que le Procureur-général-syndic s'étoit permis de donner à une ou plusieurs Municipalités l'ordre *verbal* de relâcher les détenus ; que Thoissey s'est *avisé* de le faire, et qu'ils sont *disposés* à prendre, à leur arrivée à la Convention, des mesures capables de prévenir de semblables *abus*.

Cette inculpation n'est pas fondée : voici le fait, qui a pu y donner lieu, tel qu'il nous est attesté par plusieurs de nos collègues.

Le Maire de la Commune de Saint-Didier de Châlaronne, près Thoissey, vint un jour consulter le Procureur-général-syndic sur ce que plusieurs laboureurs de cette Commune étoient détenus à Thoissey, pour raison de leurs opinions religieuses, par ordre du Conseil-général de la Commune de St. Didier : il ajouta qu'on parloit d'en mettre encore 150 en arrestation, parce qu'ils n'alloient pas à la messe du curé Constitutionel ; que l'agriculture souffroit ; que l'on *murmuroit* dans la paroisse, et il demanda quel parti il devoit prendre.

Cinq ou six Administrateurs s'étant trouvés réunis au bureau du Procureur-général-syndic, il fut répondu tant par les uns que par les autres au Maire de St. Didier, que le Département ne délibéreroit pas sur cet objet, ni ne prendroit un arrêté, parce qu'il contrarieroit peut-être les dispositions des Commissaires ; mais qu'en général les *voyes de rigueur* étoient *déplacées* , lorsque la tranquillité publique n'étoit ni troublée ni menacée, qu'alors elles pouvoient produire plutôt du *trouble* qu'un effet salutaire, que la Municipalité devoit surveiller les personnes attachées à des opinions religieuses, mais que, s'il n'y avoit point d'*indice de mauvaises intentions* , les emprisonnemens devenoient *inutiles* , et qu'il seroit trop dangereux de faire cesser l'agriculture, en les multipliant.

Nous avons lu, dans le Bulletin de la Convention du 23 Avril, que les citoyens, Amar et Merlinot lui avoient écrit que leur présence dans le Département de l'Ain y avoit prévenu de *grands malheurs* ; que depuis long-tems les aristocrates s'y appliquoient à égarer l'opinion publique, à éteindre dans le cœur des habitans de la campagne et parmi les classes laborieuses dans les villes, l'amour de la Patrie, le *respect pour les loix*, et à diminuer la confiance envers la Convention nationale et les autorités constituées ; qu'ils avoient découvert des correspondances d'*Emigrés* avec les *ennemis de la République* dans l'intérieur, qui prouvent que l'on préparoit dans tous les Départemens un soulèvement général.

Nous pensons qu'il est dans notre Département, *comme dans tous les points de la République*, des aristocrates, des fanatiques et des malveillans. Mais l'amour de la vérité exige aussi que nous disions hautement que leur *nombre* n'est pas à *craindre* , que nous n'y avons jamais apperçu de trames, de complots, ni *d'apparence de soulève-mens* ; que *nulle part* la *Convention nationale* et les *autorités constituées* n'ont été plus respectées, et *qu'aucun* Département n'a joui constament et ne jouissoit , *à l'arrivée des Commissaires* , d'une tranquillité plus parfaite et *plus enviée*. L'esprit républicain y prédomine *si généralement,* qu'on ne peut *sans blesser l'honneur de nos concitoyens* et sans les *affliger vivement,* leur en refuser le témoignage. Nous vous demandons, en leur nom, qu'il soit inséré dans l'un des premiers bulletins.

Pour copie conforme, *Signé* BRANGIER.

(43)

(E.)

*C O P I E de la Lettre des Commissaires
Merlinot et Amar, prise sur la minute
déposée au Secrétariat du Département
de l'Ain.*

Fareins, le 16 Mai 1793, l'an 2 de la République française.

*LES Représentans du Peuple Français, délégués
par la Convention Nationale, dans le Département de l'Ain et de l'Isère : aux Administrateurs du Directoire du Département de l'Ain.*

Nous avons reçu votre lettre du deux de ce
mois, & la copie de l'adresse que vous avez envoyée à la Convention, et que vous nous *invités
à appuyer.* Nous trouvons vos vues excellentes
en tems de paix ; votre adresse ajournée à cette
époque, fera des merveilles ; mais l'application
de ces articles des droits de l'homme, « et nul
» ne peut être inquiété, &c. » celui qui déclare « libres les opinions religieuses » : et encore
celui qui porte qu'un « prévenu sera interrogé
» dans les vingt-quatre heures de sa détention » :
d'après lesquels les réclamans se *fondent,* et qui
dirigent vos démarches, ne peut avoir lieu *aujourd'hui.* Nous nous opposerons à ce que nos
ennemis profitent des *actes* de *bonté,* de *justice*
et de *clémence,* consignés dans nos *loix,* pour se
mettre à *l'abri des troubles* qu'ils fomentent dans
notre sein, et des déchiremens qu'ils ne cessent
de nous faire souffrir.

Le Directoire ignore sans doute que les mots de ralliement de nos ennemis du dedans sont *le bon Dieu et le Paradis* ; que les dévots modernes, dont le nombre s'accroît chaque jour, sont les révoltés de la Vendée ; que ceux-ci, après avoir arraché les enfans du sein de leurs mères pour égorger les uns et les autres, chantent le *Te Deum* en actions de graces ; qu'enfin il est beaucoup de villages dont la plupart des habitans exhortés tant par certains prêtres *assermentés*, que par d'*autres fanatiques*, sont tout prêts à se réunir aux révoltés ; ils n'attendent que *celui* qui paroîtra le petit crucifix à la main.

À Vienne, nous avons trouvé un vicaire, qui, rappellé au respect qu'il devoit à la représentation nationale, duquel il s'écartoit par trop, répondit *fort insolemment* qu'il étoit le représentant de Dieu. En un mot le *cahos d'intrigues*, de menées contre-révolutionnaires qui nous environnent de toutes parts, nous défend *expressément* d'employer des mesures d'humanité *autres* que celles qui nous sauveront tous. Sans doute on a tort de regarder comme une marque d'incivisme de se dispenser d'aller à la messe ; nous savons encore qu'on cherche à faire de la religion catholique l'un des arcs-boutans de la république ; nous *regarderions* cet arc-boutant comme un des fermens de sa dissolution. Aussi vous invitons-nous à surveiller *grandement tous les prêtres*, et à user de tous les moyens que la *loi*, la *raison* et les *circonstances*, mettent entre vos mains, pour faire *respecter* les opinions de ceux qui, sans mépris pour la révolution, *n'adoptent pas* telle ou telle autre religion, ou même *aucune* de celles connues : mais prenez bien garde que la religion, *tant à la mode au-*

jourd'hui , est le prétexte des malveillans , et méfiez-vous de tous ceux qui en *parlent* ou qui agissent pour elle.

Lisez les débats et les décrets de la Convention nationale ; vous verrez qu'en moyens de sûreté générale , les *mouvemens de satisfaction* donnés à ceux qu'on y propose , sont autant d'approbations de nos arrêtés. S'il nous restoit quelques regrets , ce seroit de ne pas avoir *doublé la mesure*. Vous *verrez incessamment* que la Convention , *loin de faire droit* à votre adresse , rendra un décret qui vous obligera à rechercher jusqu'aux moindres suspicions.

D'après ces considérations , nous vous invitons , nous *requérons même* , en tant que de besoin , de notifier aux Districts de votre territoire , la partie de notre lettre du 20 avril dernier , que vous avez mise au bas de votre adresse. Et , dans le cas où *cela* ne leur suffiroit pas pour *les* assurer , ainsi *qu'à* vous , que par cette lettre , nous *dérogeons* à tous les articles de nos *arrêtés* , qui tendroient à *leur* donner le droit d'enquête , d'interroger et de relaxer les détenus , nous arrêtons :

ARTICLE PREMIER.

Les personnes détenues dans le Département de l'Ain , par mesure de sûreté générale , et en exécution de nos arrêtés des 21 mars et 3 avril derniers , *resteront* dans cet état , jusqu'à ce que la Convention nationale en ait autrement ordonné.

I I.

Toutes personnes dénoncées par six citoyens , pour fait d'incivisme , ou pour s'être introduites de maisons en maisons pour y prêcher un systême de religion quelconque, seront inscrites sur la liste des notoirement suspectées et regardées comme *complices* des révoltés de la Vendée.

Nous vons invitons à faire imprimer, publier et afficher dans tout le Département le présent arrêté et *toute la partie* de cette lettre qui en doit être regardée comme le considérant, et *de ce qui* peut instruire le peuple des dangers qui l'entourent.

Nous venons d'apprendre de quelqu'un *digne de foi,* que le Procureur-général-syndic s'étoit permis de donner à une ou plusieurs Municipalités l'ordre verbal de relaxer les détenus. Thoissey s'est *avisé* de le faire. Nous vous prions très-instamment de vous faire rendre compte de ces faits, vous déclarant que, *si nous en acquérons la preuve,* nous sommes très-disposés *à prendre,* si-tôt notre arrivée à la Convention, des mesures capables de prévenir de semblables abus.

Nous partons à l'instant pour Paris. *Vous voudrez bien* nous faire parvenir, le plutôt possible, votre détermination sur la présente, et croire que, par-tout où nous irons, nous serons toujours avec les sentimens les plus fraternels vos concitoyens et égaux en droits. *Signé* AMAR, MERLINOT et LEMERY, *Secrétaire de légation.*

Pour copie conforme à la minute, déposée au Secrétariat du Département de l'Ain.

Signé, BRANGIER.

(F.)

EXTRAIT du Procès - verbal des scéances du conseil permanent du département de l'Ain.

Du 19 mai 1793 l'an deux de la République Française.

Vu par le Conseil général du département de l'Ain, une lettre des Citoyens Merlinot et Amar Députés à la Convention Nationale, datée de Fareins, district de Trévoux du 16 du présent mois dans laquelle ils se qualifient de Représentans du Peuple Français délégués dans les départemens de l'Ain et l'Isère, et après différentes observations sur la conduite à tenir envers les personnes suspectées d'incivisme pour raison de leurs opinions religieuses, ils ont arrêté 1°. que les personnes détenues dans le département de l'Ain pour mesure de sureté générale et en exécution de leurs arrêtés du 21 mars et 3 avril derniers, resteront dans cet état jusqu'à ce que la Convention Nationale en ait autrement ordonné. 2°. que toute personne dénoncée par six citoyens pour faits d'incivisme ou pour s'être introduite de maisons en maisons pour y prêcher un systême de religion quelconque, sera inscrite sur la liste des notoirement suspects et regardée comme complice des révoltés de la Vendée. 3°. que ledit arrêté ainsi que la partie de la lettre qui le précède, seront imprimés, publiés et affichés dans le département pour instruire le peuple des dangers qui l'entourent.

Ouï le Procureur-général-syndic :

Le Conseil général du département de l'Ain, en séance permanente, considérant que par Décret de la Convention Nationale du 30 avril dernier, promulgué dans le département, le 9 mai présent mois, il est dit, article premier, que tous les pouvoirs délégués par la Convention aux Commissaires qu'elle a nommés pour se rendre dans les départemens pour le recrutement, près les armées, sur les frontières, côtes et dans les ports, sont révoqués.

Arrête que l'arrêté des citoyens Amar et Merlinot du 16 du présent mois est regardé comme non avenu, que copie certifiée en sera envoyée à la Convention Nationale et au comité de salut public ainsi qu'extrait du présent, et qu'il en sera écrit soit à la Convention, soit au comité pour leur donner des explications sur les parties épistolaires qui précèdent et suivent ledit arrêté du seize du présent mois.

Fait à Bourg lesdits an et jour.

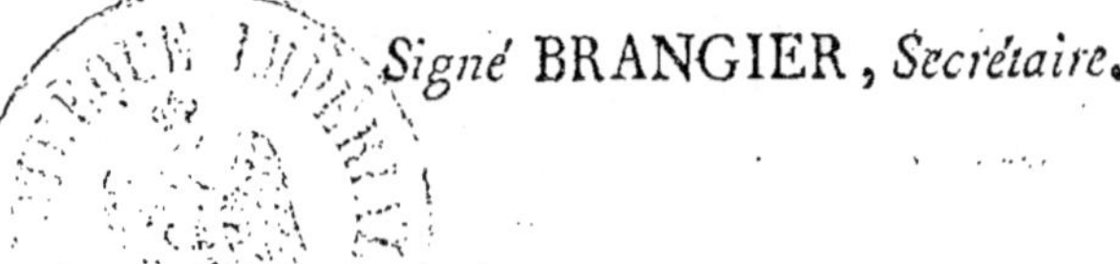

Signé BRANGIER, *Secrétaire.*

26

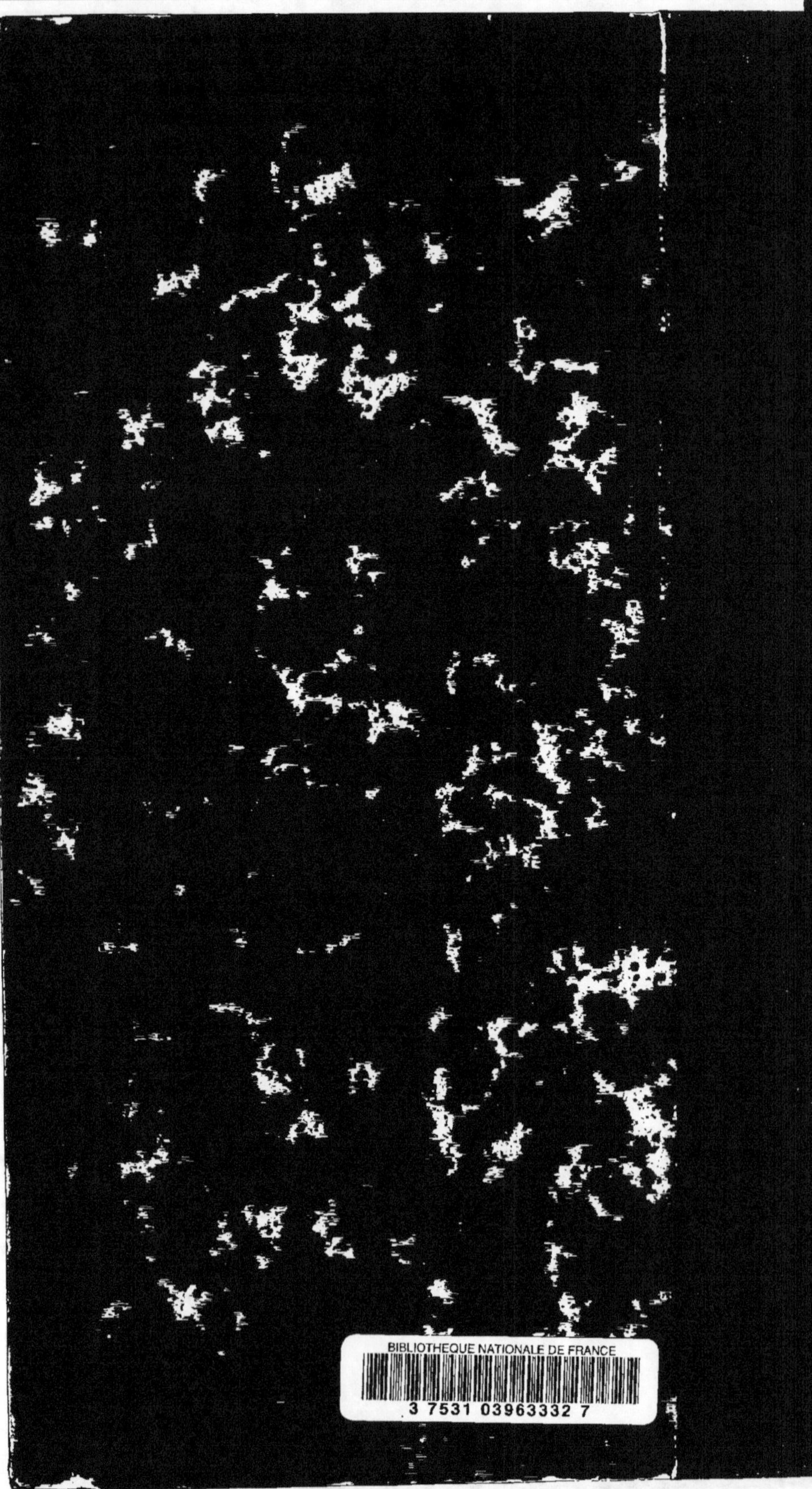